¡Brrrum!
Los Porsches

por August B. Arrigo IV

Bullfrog en español

Ideas para padres y maestros

Bullfrog Books permite a los niños practicar la lectura de textos informativos desde el nivel principiante. Las repeticiones, palabras conocidas y descripciones en las imágenes ayudan a los lectores principiantes.

Antes de leer
- Hablen acerca de las fotografías. ¿Qué representan para ellos?
- Consulten juntos el glosario de las fotografías. Lean las palabras y hablen de ellas.

Durante la lectura
- Hojeen el libro y observen las fotografías. Deje que el niño haga preguntas. Muestre las descripciones en las imágenes.
- Léale el libro al niño o deje que él o ella lo lea independientemente.

Después de leer
- Anime al niño para que piense más. Pregúntele: ¿Has visto un Porsche? ¿De qué color era?

Bullfrog Books are published by Jump!
3500 American Blvd W, Suite 150
Bloomington, MN 55431
www.jumplibrary.com

Copyright © 2026 Jump! International copyright reserved in all countries. No part of this book may be reproduced in any form without written permission from the publisher.

Jump! is a division of FlutterBee Education Group.

Library of Congress Cataloging-in-Publication Data is available at www.loc.gov or upon request from the publisher.

ISBN: 979-8-89662-172-0 (hardcover)
ISBN: 979-8-89662-173-7 (paperback)
ISBN: 979-8-89662-174-4 (ebook)

Editor: Jenna Gleisner
Designer: Anna Peterson
Translator: Annette Granat

Photo Credits: Alexandre Prevot/Shutterstock, cover; August B. Arrigo IV, 1, 3, 14–15, 23bm, 23bl; Adam Berger, 4, 22, 23tl; Fabio Pagani/Shutterstock, 5; Marko583/Dreamstime, 6–7, 18–19; siekierski.photo/Shutterstock, 10–11, 23tr; Steve Neumayer, 12–13; Xinhua/Alamy, 16, 23tm; Gabo_Arts/Shutterstock, 17, 23br; Brandon Tang, 20–21, 24.

Printed in the United States of America at Corporate Graphics in North Mankato, Minnesota.

Tabla de contenido

Autos chéveres	4
Las partes de un Porsche	22
Glosario de fotografías	23
Índice	24
Para aprender más	24

Autos chéveres

¡Mira! Un Porsche.

Los Porsches son **autos deportivos**.

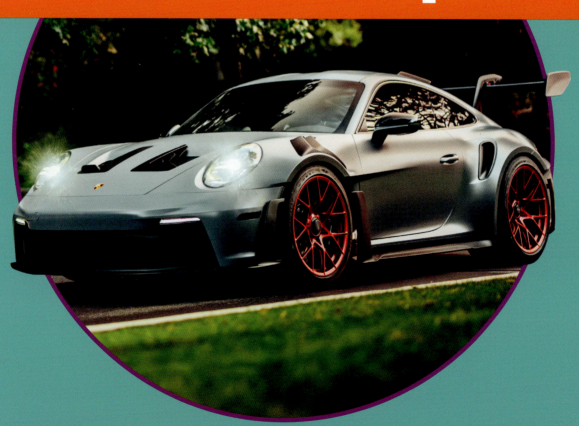

¡Ellos también son autos de carrera!

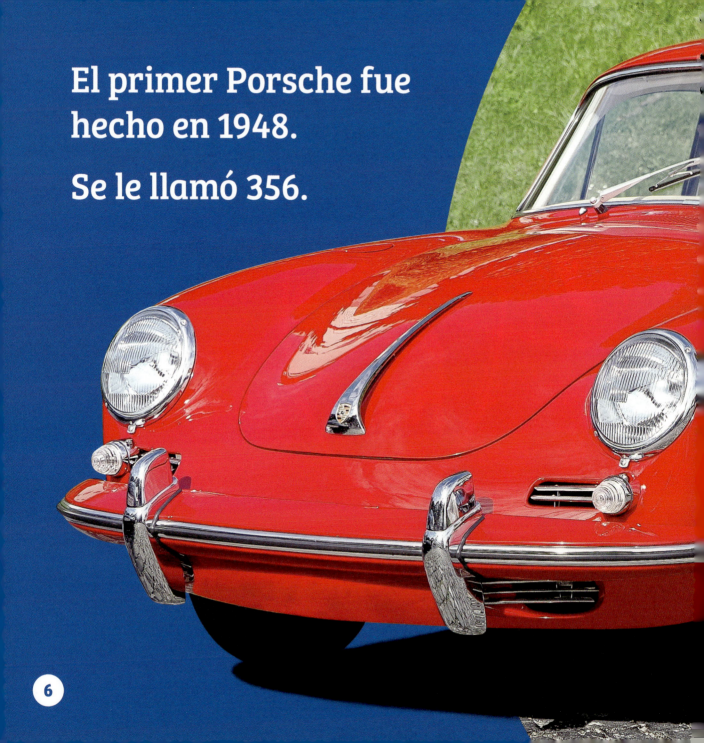

El primer Porsche fue hecho en 1948.

Se le llamó 356.

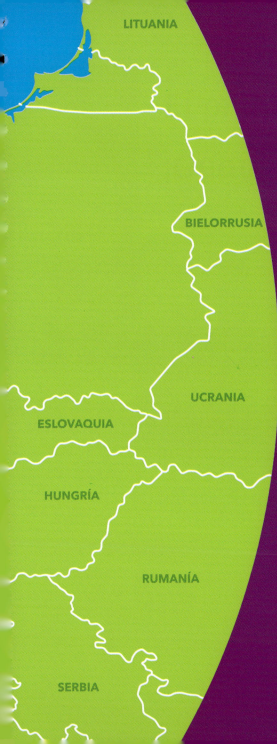

Estos autos están hechos en Alemania.

El **logo** es dorado.

Tiene rayas rojas y negras.

Tiene un caballo.

El maletero está adelante.
Se le llama *frunk*.

motor

El **motor** está atrás.

Hay muchos **modelos**.

¡El 911 Carrera es deportivo!

¡El Taycan es **eléctrico**!

El Cayenne es un **SUV**.

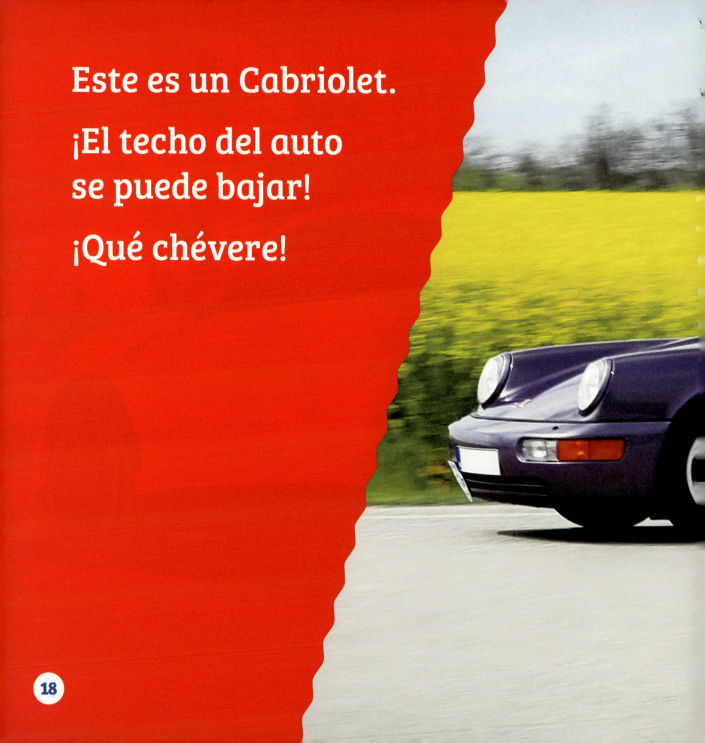

Este es un Cabriolet.

¡El techo del auto se puede bajar!

¡Qué chévere!

¡Los Porsches son para carreteras con curvas!

¡Vayamos rápido!

Las partes de un Porsche

¡El modelo Porsche 911 GT3 RS 2024 puede alcanzar casi 200 millas (322 kilómetros) por hora! ¡Échales un vistazo a las partes de un Porsche!

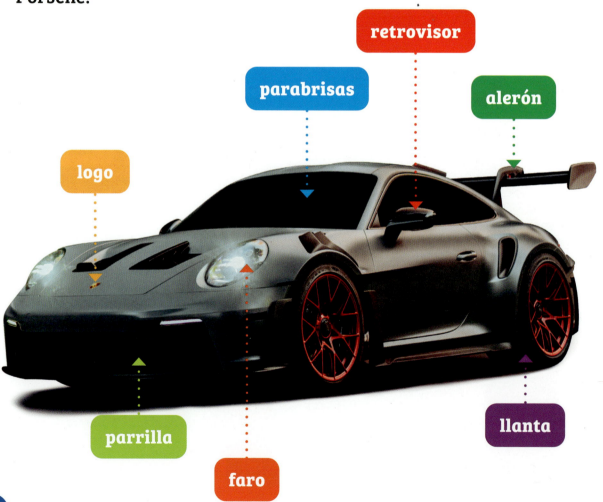

Glosario de fotografías

autos deportivos
Autos que se han hecho para ir rápido y tomar bien las curvas.

eléctrico
Que usa electricidad para encenderse.

logo
Un símbolo que representa una compañía.

modelos
Tipos o diseños particulares.

motor
Una máquina que hace que algo se mueva con gasolina u otra fuente de energía.

SUV
Abreviatura en inglés de vehículo utilitario deportivo. Un auto que se puede manejar donde no hay carreteras.

Índice

356 6
911 Carrera 14
Alemania 9
autos de carrera 5
autos deportivos 4
Cabriolet 18
Cayenne 17
frunk 12
logo 10
modelos 14
motor 13
Taycan 16

Para aprender más

Aprender más es tan fácil como contar de 1 a 3.

① Visita **www.factsurfer.com**

② Escribe "**LosPorsches**" en la caja de búsqueda.

③ Elige tu libro para ver una lista de sitios web.

24